SchlauMax

ERSTES WISSEN

Freya Stephan-Kühn,
geboren 1943, studierte Latein und Geschichte.
Sie promovierte mit einer Dissertation über ein Thema aus der mittelalterlichen Geschichte.
Die Leiterin eines Krefelder Gymnasiums lebt heute in Mönchengladbach.
Neben wissenschaftlichen Veröffentlichungen hat sie sich mit Arena-Büchern wie »Was in den Höhlen begann . . .«, den Titeln aus der »Viel Spaß!«-Reihe und als Herausgeberin der Arena-Kinderbuch-Klassiker einen Namen gemacht.

Hauke Kock,
Jahrgang 1965, studierte Kommunikations-Design.
Seit 1991 arbeitet er als freischaffender Illustrator.
Für verschiedene Verlage stattete er vor allem Kinder- und Jugendsachbücher aus.
Nebenher beschäftigt er sich mit freier Malerei und Fotografie.

Freya Stephan-Kühn

Wie lebten die Ritter?

Mit Bildern von
Hauke Kock

Arena

In neuer Rechtschreibung

1. Auflage 1999

Einband und Innenillustrationen: Hauke Kock
Reihengestaltung: Karl Müller-Bussdorf
Gesamtherstellung: Westermann Druck Zwickau GmbH
ISBN 3-401-04998-4

Inhalt

Was ein Ritter lernte

Die große Zeit der Ritter
liegt sehr lange zurück,
ungefähr 800 Jahre.
Heute bezeichnen wir diese Zeit
als das Mittelalter.
Die alten Römer hatte man damals
schon fast vergessen.
Aber bis zur Entdeckung Amerikas
sollte es noch viele Jahre dauern.

Nur wer vornehme Eltern hatte,
konnte ein Ritter werden.
Schon im Alter von sieben Jahren
musste ein Junge dann fort von zu Hause.
Er trat als Page in den Dienst
eines anderen Ritters.
Die Burgherrin kümmerte sich darum,
dass er höflich wurde.
Denn ein Page musste wissen,
wie man sich bei Hof benahm.
Ein Ritter schmatzte nicht beim Essen

und betrank sich nicht.
Er ging in den Gottesdienst.
Er schützte Witwen und Waisen
und war freundlich zu allen Menschen,
die ihm begegneten.
Ein Ritter konnte ein Instrument spielen
und er übte sich im Schachspiel.

Nach sechs oder sieben Jahren
wurde der Page zum Knappen.
Jetzt lernte er Laufen und Reiten,
Schwimmen und Klettern,
Fechten und Speerwerfen.
Der Knappe ging mit dem Ritter
auf die Jagd und auf Turniere.
Dann, mit ungefähr achtzehn Jahren,
erhielt er selbst das Ritterschwert.
Er wurde zum Ritter geschlagen.

Die Ritterrüstung

Im Kampf trug der Ritter seine Rüstung.
Der Kettenpanzer schützte ihn
von der Kapuze
bis zu den Zehenspitzen.
Er bestand aus eisernen Ringen,
die ineinander geschmiedet waren.
Der Ritter hatte schwer zu tragen
an seiner Rüstung.

Unter den Panzer zog er
wollene Unterwäsche an,
über ihm trug er den Waffenrock.
Mit einem eisernen Helm
schützte der Ritter den Kopf,
mit dem Schild deckte er den Körper.
Auf Schild und Waffenrock war weithin
das Wappen des Ritters zu sehen.
Wie sollte man die Ritter in ihrer Rüstung
auch sonst unterscheiden?

In der Schlacht kämpften die Ritter
Mann gegen Mann.

Mit Lanze, Schwert und Streitaxt
und dem schrecklichen Morgenstern
gingen sie aufeinander los.
Oder sie verschossen Pfeile
mit der Armbrust.

So kämpften die Ritter

Wenn der König sie rief
oder ein anderer hoher Herr,
zogen die Ritter mit ihm in den Krieg.
Ein Ritterheer sorgte überall
für Furcht und Schrecken.

Kreuzritter von 1099

Im Kampf benahmen sich die Ritter
oft wenig ritterlich.
Im Jahr 1099 eroberten sie
die Stadt Jerusalem.
Dabei erdolchten sie auch
Frauen und Kinder
oder stürzten sie von Hausdächern.
Das überlieferte uns ein Augenzeuge.
In Schlachten zwischen Ritterheeren
floss auch sonst sehr viel Blut.
Unzählige Menschen und Pferde
haben dabei ihr Leben gelassen.

Kreuzritter um 1260

Anständiger ging es bei Turnieren zu.
Viele vornehme Damen und Herren
kamen hierzu als Zuschauer.
Die Ritter, die zum Turnier antraten,
putzten sich und ihre Pferde
prächtig heraus.
Oft erklärten sie vor dem Wettkampf,
für welche Dame sie kämpfen wollten.

Dann traten zwei Ritter gegeneinander an.
Diesen Zweikampf nannte man Tjost.
Mit ihrer Lanze versuchten die Ritter
ihren Gegner vom Pferd zu stoßen.
Manchmal zersplitterten dabei
die über drei Meter langen Lanzen
am Schild des Gegners.
Dann reichte der Knappe
seinem Ritter eine neue Lanze.
Ein neuer Tjost begann.

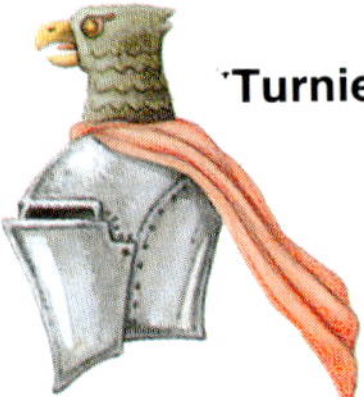

Turnierhelme

**Turnier-
lanze**

Bei vielen Turnieren bildeten
die Ritter Mannschaften.
Die Gruppen kämpften gegeneinander.
Das sah aus wie ein sportlicher Wettkampf.
Es war aber sehr gefährlich.

Beulen und Schrammen waren üblich.
Mancher Ritter verlor sein Leben
oder wurde schwer verwundet.
Aber der Ruhm,
der bei einem Turnier zu gewinnen war,
reizte die Ritter immer wieder.

Die Ritterburg

Die Ritter wohnten auf Burgen.
Keine Burg war wie die andere.
Die meisten lagen auf einem Berg,
andere auf einer Insel im Wasser.
Aber alle schützten den Burgherrn
und seine Leute vor Angriffen.
Außerdem war von weitem zu sehen,
wer der Herr im Lande war.

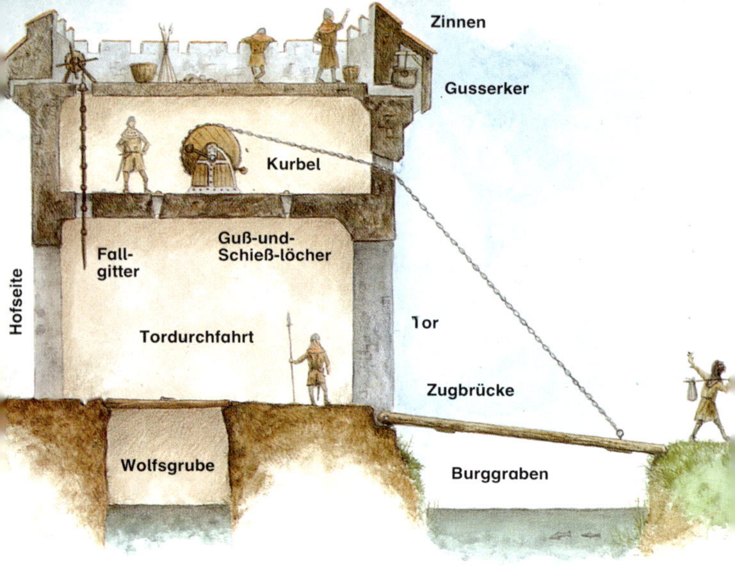

Ein Wassergraben umgab
viele Burgen.
Den konnte man nur überqueren,
wenn die Zugbrücke herabgelassen war.
Dann stand man vor der Burgmauer.
Sie hatte hohe Wehrtürme
und zahnförmige Zinnen.
Sie schützten die Verteidiger der Burg.
Durch die Lücken zwischen den Zinnen
schleuderten sie ihre Speere.

Wenn sich Feinde näherten,
zog man die Zugbrücke hoch.
Ein schweres Eisengatter sicherte
den Tordurchgang zusätzlich.
Wer dennoch hineingelangte,
kam in den Zwinger,
einen engen Hof.
Hier schleuderten die Verteidiger
Steine, glühendes Pech und anderes
auf die Köpfe der Angreifer hinab.

Wenn Feinde ins Innere vordrangen,
zogen sich der Burgherr und seine Leute
in den Bergfried zurück.
Das war der hohe Turm
in der Mitte vieler Burgen.

Auf der Burg lebten und arbeiteten
Schmiede und Schreiner,
Bäcker, Köche und Gärtner.
Der Pfarrer las die Messe
in der Burgkapelle.
Es gab Gärten und Viehställe,
Vorratsräume und Werkstätten.
Und natürlich Wohnungen
für die Knechte und Mägde.
Das prächtigste Gebäude auf einer Burg
war der Palas.
Hier wohnten der Ritter und seine Familie.

Geistlicher **Schmied** **Stallknecht**

Auf dem Burghof

Auf der Burg ging es lebhaft zu.
Im Burghof lieferten die Bauern
Getreide, Heu und Eier,
Honig, Wolle und vieles andere ab.
Das taten sie nicht immer freiwillig.
Aber der Burgherr war nicht zimperlich.
Denn ihm gehörte das Land,
das die Bauern bearbeiteten.
Dafür mussten sie Abgaben leisten.

Außerdem beschützte der Burgherr
die Bauern bei Gefahr.
Sie brachten sich auf der Burg in Sicherheit,
wenn Feinde heranzogen.

Reisende Kaufleute boten
ihre Waren im Burghof an.
Sie brachten kostbaren Zucker,
Schmuck und wertvolle Stoffe,
Gewürze aus fernen Ländern.

Fahrende Spielleute und Gaukler
zeigten hier ihr Programm.
Sie jonglierten mit Bällen
und balancierten auf dem Seil.
Sie machten Späße
und spielten zum Tanz auf.
Oder sie führten
einen dressierten Bären vor.
Es war fast wie heute im Zirkus.

Gerne nahm der Burgherr
die fahrenden Sänger auf.
Sie kamen weit in der Welt herum.
Sie spielten im Palas zum Tanz auf
und erzählten Geschichten und Sagen.
Oft trugen sie eigene Gedichte vor.
Viele davon handelten von der Minne.
So nannte man damals »die Liebe«
und die Dichter hießen Minnesänger.

Leben auf der Burg

Die Minnesänger schwärmen
in ihren Gedichten
vom herrlichen Leben auf den Burgen.
Die Wirklichkeit sah anders aus.
Das Leben auf der Burg war ungemütlich
und manchmal auch gefährlich.

Viele Ritter waren so arm,
dass ihre Burgen verfielen.
Die Dächer waren undicht.

Steine bröckelten aus den Mauern.
Es regnete herein
und der Wind pfiff durch die Räume.
Es gab keine Wasserleitungen
und natürlich keine Klospülung.
Der Geruch auf vielen Burgen
war nicht sehr angenehm.

Im Winter war es ziemlich kalt.
Die kleinen Fenster
hatten keine Glasscheiben,
sondern nur Fensterläden.
In den Räumen war es fast dunkel.

Die Einrichtung war kärglich.
Sie bestand aus dem Bett
und ein paar Truhen.
Sonst gab es kaum Möbel.

Die Burgfrauen

Nur wenige Räume ließen sich heizen.
Wegen des Kamins,
in dem das Feuer loderte,
nannte man diese Zimmer Kemenaten.

Sie waren für die Frauen bestimmt.
Das war auch gut so.
Denn mit kalten Fingern
konnten sie kein Garn spinnen,
keine Tuche weben
und keine Kleider nähen.

Wenn man den Rittersagen glaubt,
dann hatte eine vornehme Dame
nicht viel zu tun.
Sie musste ihren Ritter
bewundern und verwöhnen.

In Wirklichkeit hatte die Burgherrin
eine Menge wichtiger Aufgaben.
Sie erzog die Kinder.
Sie überwachte die Hausarbeit
und überprüfte die Vorräte.
Viele Burgfrauen konnten
Lesen und Schreiben.
Nicht jeder Ritter hatte das gelernt.

Vom Essen und Trinken

Der Speiseplan war einfach.
Es gab sehr viele Fastentage.
Da kam kein Fleisch auf den Tisch,
sondern nur Ei und Fisch, Gemüse und Brot.

Viele Nahrungsmittel wurden
getrocknet oder kräftig gesalzen.
So waren sie länger haltbar,
bis in den Winter.
Aber geschmeckt haben sie
dann nicht mehr.

Darum wurden in der Ritterzeit
fast alle Speisen kräftig gewürzt.
Wer es sich leisten konnte,
gab viel Geld aus.
Für Pfeffer, Ingwer, Safran
und andere Gewürze aus fernen Ländern.
Zu trinken gab es meist Wasser.
Nur bei Feiern und Festen
wurde Wein oder Bier ausgeschenkt.

Dann nahmen die Gäste
auf Bänken an der Wand Platz.

Knechte trugen Tischplatten herein
und legten sie auf hölzerne Böcke.
Bald bog sich die Tafel
unter dampfenden Schüsseln,
Platten von Wildbret und Hühnchen,
von Lachs und prallen Würsten,
von erlesenen Gemüsen
und Bergen bunter Süßspeisen.

Gabeln und Teller gab es nicht.
Jeder langte mit einem Stück Brot
oder einem Löffel in die Schüsseln.
Dann ließ der Burgherr die Tafel
aufheben und hinausbringen.
Jetzt wurde getanzt und gesungen,
erzählt und gespielt.

Die Mode

In der Ritterzeit war es wie heute:
Man unterhielt sich gerne über Mode.
Die vornehmen Damen und Herren
bewunderten sich gegenseitig.
Es gab bunt leuchtende Kleidung
aus Pelz, Seide und Samt.

Auch Männer folgten der Mode.
Sie trugen Schnabelschuhe
und hautenge Strumpfhosen,
bunte Jacken mit Puffärmeln,
prächtige weite Umhänge
und ganz verrückte Hüte.

Das ist auf Bildern
aus der Ritterzeit zu sehen.
Da muss man schon genau hinsehen.
Sonst erkennt man nicht,
ob es sich um einen Ritter
oder um seine Frau handelt.

Bequem war diese Kleidung kaum.
Im Alltag und bei der Arbeit
haben die Burgbewohner sicherlich
eine einfachere Kleidung getragen.

Die Ritter und wir

War das Ritterleben glanzvoll?
Waren alle Ritter reich und edel?
Die bunten Bilder des Mittelalters
zeigen nicht immer das wahre Bild.
Die Dichter und die Maler
beschreiben lieber ein Turnier
als die Grausamkeit des Kampfes.
Darum halten wir die Ritterzeit
für romantisch.
Aber sie hatte viele dunkle Seiten.
In der Ritterzeit,
wie sie wirklich war,
würde jetzt niemand leben wollen.
Trotzdem können uns die Ritter
noch heute ein Vorbild sein.
Denn wer ritterlich ist,
tritt gegen das Unrecht
und für die Schwachen ein.

SchlauMax – Erstes Wissen

SchlauMax

Wo leben die Piraten? Wie sah eine Ritterburg aus? Was sind die Aufgaben der Polizei? Wer viel fragt, bekommt die richtigen Antworten. Jedenfalls ist das bei den Schlaumäxen so! Spannende Themen und erstes Wissen im Miniformat. Spannend und altersgerecht geschrieben, klar und eindeutig illustriert: Für die Kleinen das Größte!

Jeder Band 32 Seiten.

Arena